Du & dein
Hund

So sorgst du für dein Lieblingstier

Kim Dennis-Bryan

Du & dein Hund

So sorgst du für dein Lieblingstier

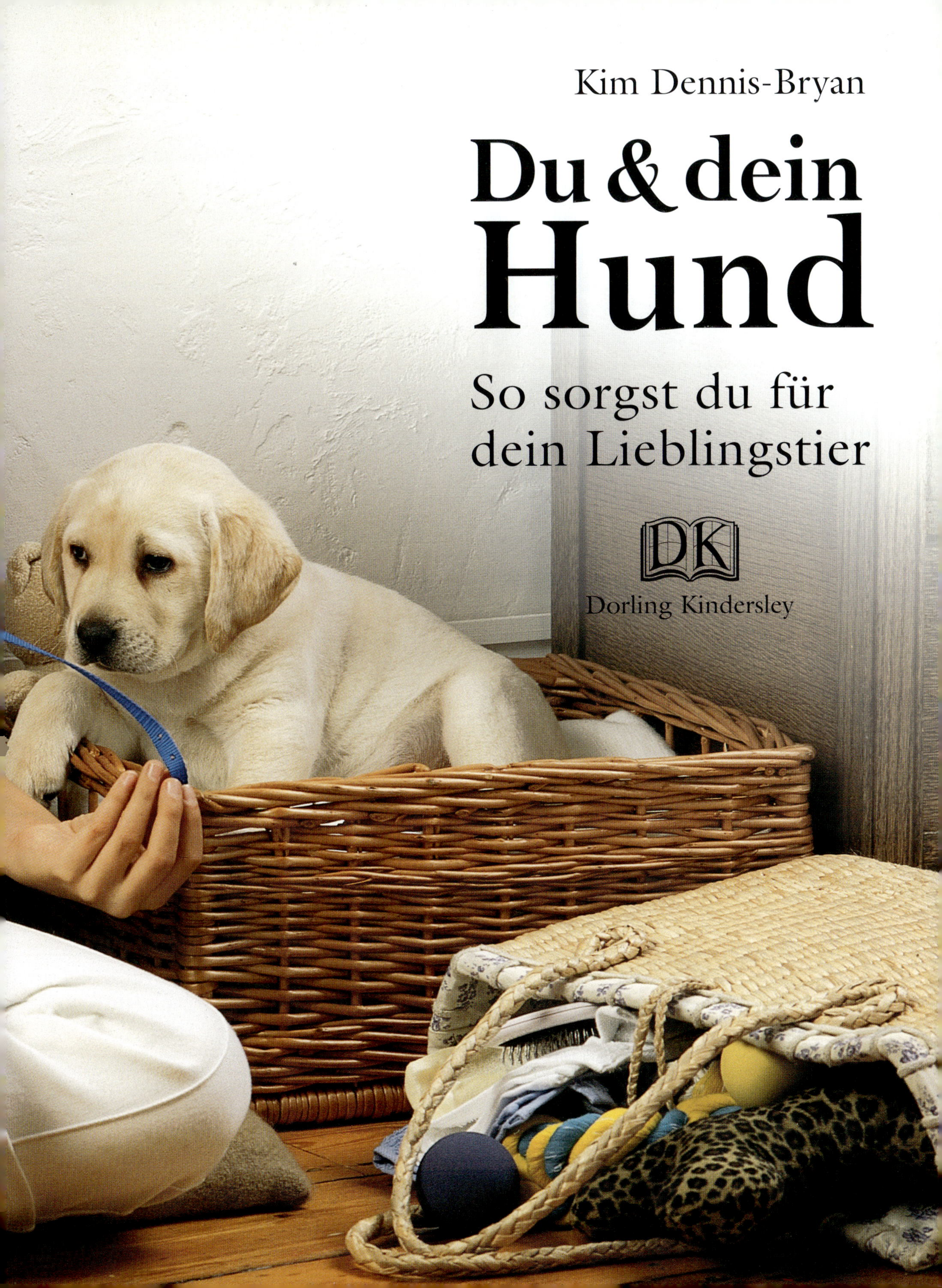

Dorling Kindersley

DORLING KINDERSLEY
London, New York, Melbourne, München und Delhi

Text und Redaktion Kim Dennis-Bryan FZS
Fachliche Beratung Julius Neuman BVSc (Hons), MRCVS; Menas Beaca DVM, MRCVS, Lisa Guiney VN, vom The Mayhew Animal Home und Humane Education Centre, London
Reihengestaltung Lisa Lanzarini
Gestaltung Cathy Tincknell, Lynne Moulding
DTP-Design Dean Scholey
Cheflektorat Cynthia O'Neill Collins
Leitung Bildlektorat Mark Richards
Programmleitung Alex Kirkham
Herstellung Claire Pearson

Für die deutsche Ausgabe:
Programmleitung Monika Schlitzer
Projektbetreuung Kathrin Schmidt
Herstellungsleitung Dorothee Whittaker
Herstellung Anna Strommer

Bibliografische Information Der Deutschen Bibliothek
Die Deutsche Bibliothek verzeichnet diese Publikation
in der Deutschen Nationalbibliografie;
detaillierte bibliografische Daten sind im Internet über
http://dnb.ddb.de abrufbar.

Titel der englischen Originalausgabe: Puppy Care

© Dorling Kindersley Limited, London, 2004
Ein Unternehmen der Penguin-Gruppe

© der deutschsprachigen Ausgabe by
Dorling Kindersley Verlag GmbH, Starnberg, 2004
Alle deutschsprachigen Rechte vorbehalten

Übersetzung Heike Schmidt-Röger

ISBN 3-8310-0634-2

Colour reproduction by Colourscan, Singapore
Printed and bound in Italy by L.E.G.O.

Dorling Kindersley dankt den Folgenden für die freundliche Genehmigung
zum Abdruck von Fotos: o = oben, u = unten, m = Mitte, l = links, r = rechts
Ardea London Ltd: John Daniels 21or. Christopher Bryan 45ol. RSPCA:
Angela Hampton 33or, 33mr. Alle anderen Abbildungen © Dorling Kindersley

Andy Crawford 15, 18mro, 22ml, 27or, 27ol, 27mlo, 27ml. Steve Lyne:
Cover vorne, 4-5, 6ul, 8ul, 12mr, 13, 14ul, 16-17m, 18ul, 18-19m, 19ur,
19om, 20m, 20ul, 20mlu, 20-21m, 22mr, 22-23m, 24ul, 24m, 25, 27u, 27ml,
27mlo, 27ol, 28m, 28ul, 28-29, 29mro, 30ol, 31, 32ol, 32-33, 34u, 35, 36-37,
38l, 38um, 38ur, 38mr, 39, 40-41u, 41, 42ul, 43, 45l, 47ul.

Besuchen Sie uns im Internet
www.dk.com

Hinweis

HINWEISE FÜR ELTERN

Dieses Buch vermittelt Kindern, wie sie verantwortungsbewusste Hundehalter werden. Trotzdem benötigt Ihr Kind von Ihnen oder einem guten Hundetrainer Hilfe und Anleitung in allen Fragen der Pflege des Welpen. Erlauben Sie Ihrem Kind die Hundehaltung nur dann, wenn Sie sicher sind, dass Ihre Familie die Zeit und Möglichkeiten hat, sich für den Rest seines Lebens um den Hund zu kümmern.

Wenn Sie das Symbol „!" in einem blauen Kreis sehen, bekommen Sie einen besonderen Hinweis.

Inhalt

Einleitung

JEDER LIEBT WELPEN. Die kleinen Kerlchen sind freundlich, verspielt und stecken voller Lebensfreude, die sie an uns weitergeben. Welpen brauchen Zuneigung, Futter, ein bequemes Körbchen und eine gute Erziehung. Dein Verhalten und deine Entscheidungen werden bestimmen, wie sich dein Welpe entwickelt. Ihm Gehorsam beizubringen macht Spaß, braucht aber auch viel Zeit.

Dein Hund wird immer dein bester Freund sein. Kümmere dich gut um ihn.

Überlege gut

Ein Tier ist eine Verpflichtung für die ganze Familie. Du musst wissen, ob du genug Zeit hast, den Welpen auszuführen, zu pflegen und zu erziehen. Hunde gibt es in vielen Größen, deswegen musst du auch überlegen, wie viel Platz ihr zu Hause habt. Ein gesunder Hund kann zwölf Jahre und älter werden. Bedenke den Aufwand, einen Vierbeiner über diesen langen Zeitraum zu versorgen.

Alle Hunde brauchen täglich Bewegung. Hast du Zeit, jeden Tag spazieren zu gehen?

Was für ein Hund?
• Möchtest du einen Welpen oder einen erwachsenen Hund?
• Möchtest du eine große oder eine kleine Rasse?
• Möchtest du einen kurz-, rau- oder langhaarigen Hund?
• Möchtest du einen reinrassigen Hund oder einen Mischling?

Charakterzüge

Jeder Welpe hat eine eigene Persönlichkeit, doch das Verhalten von jungen Rassehunden ist ziemlich gut vorhersehbar. Einige reinrassige Hunde sind ruhiger, freundlicher und leichter zu erziehen als andere. Diese Eigenschaften sind viel wichtiger als das Aussehen eines Welpen.

Die meisten Labrador-Retriever-Welpen wachsen zu treuen, lieben und gelehrigen Familienhunden heran.

Ruhige Welpen gewöhnen sich meistens schnell ein und mögen die Gesellschaft von Menschen.

Familienhunde

Hunde, die Teil einer Familie werden sollen, sollten nicht zu groß, zu lebhaft oder zu vorsichtig sein. Es ist gut, wenn sie freundlich sind und schnell lernen, was von ihnen erwartet wird. Viele Hüte- und Jagdhunde besitzen diese Eigenschaften – das macht sie so beliebt.

*Yorkshire Terrier
sind Schoßhunde.*

Unterschiede

ES GIBT HUNDE IN VIELEN FORMEN und Größen – über 330 Rassen weltweit! Jede ist anders und hat andere Ansprüche, was Bewegung, Platz, Futter, Pflege und Zuwendung angeht. Bevor du einen Welpen aussuchst, solltest du dich über seine Rasse informieren, damit du den Hund findest, der in deine Familie passt.

Hunderassen

Hunde, die bestimmte gleiche Merkmale besitzen, gehören derselben Rasse an. Sie haben ähnliche Bedürfnisse und Eigenschaften. Rassen werden in sieben Hauptgruppen aufgeteilt, die hier vorgestellt werden.

Etwas über die Rassen zu lernen hilft dir, den richtigen Hund zu finden.

Schoßhunde

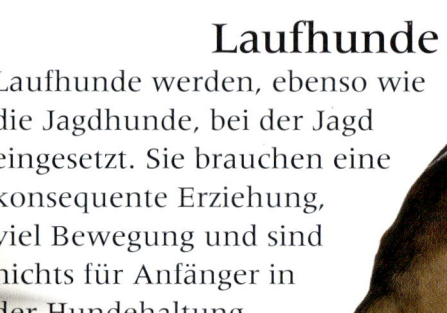

Der Shih Tzu zählt zu den Schoßhunden. Diese haben eine starke Persönlichkeit, bellen oft, brauchen aber meistens nicht so viel Bewegung.

Shih Tzu

Beagle

Laufhunde

Laufhunde werden, ebenso wie die Jagdhunde, bei der Jagd eingesetzt. Sie brauchen eine konsequente Erziehung, viel Bewegung und sind nichts für Anfänger in der Hundehaltung.

West Highland Terrier

Terrier

Terrier sind mutige Hunde und haben eine starke Persönlichkeit. Sie können sehr lebhaft und manchmal aggressiv sein. Die meisten Terrier sind klein oder mittelgroß.

Collie

Jagdhunde

Zu dieser Gruppe gehören Labrador, Golden Retriever und die meisten Spaniel. Viele dieser Rassen sind ruhig und gelehrig, fast immer freundlich zu Kindern und beliebte Familienhunde.

Cocker Spaniel

Hüte- und Treibhunde

Zu dieser Gruppe gehören z.B. Collie und Hirtenhund. Sie sind intelligent, haben viel Energie und lernen leicht. Deshalb brauchen sie viel Beschäftigung, damit sie sich nicht langweilen.

Deutscher Schäferhund

Begleithunde

Hierzu gehören all die Rassen, die in keine andere Gruppe passen, z.B. die Pudel.

Pudel

Gebrauchshunde

Gebrauchshunde werden gern als Wachhunde gehalten. Der bekannteste aus dieser Gruppe ist der Deutsche Schäferhund.

Mischlinge

Einige Hunde sind ein Mix aus zwei oder mehr Rassen. Viele Mischlinge sind liebenswerte und fröhliche Tiere. Sie sind gewöhnlich gesünder als reinrassige Hunde. Es ist aber schwieriger vorherzusagen, wie leicht erziehbar sie später werden.

Mischlinge gibt es in vielen Größen!

Welpen lernen beim Spielen.

Entwicklung

WENN EIN WELPE GEBOREN WIRD, sind seine Augen geschlossen, er kann nichts hören und ist ganz hilflos. In den ersten Wochen seines Lebens gibt seine Mutter ihm Milch, Zuneigung und all die Pflege, die er braucht. Etwa im Alter von sechs Wochen wird er dann selbstständiger. Die meisten Welpen sind im Alter von acht bis neun Wochen so weit, dass sie von ihrer Mutter getrennt werden können.

Zufüttern

Manchmal hat eine Hündin so viele Welpen, dass die Milch nicht für alle reicht. Dann müssen einige Babys mit der Flasche gefüttert werden. Der Besitzer hilft dann der Mutter, indem er den Kleinsten eine spezielle Milch aus einer Babyflasche gibt.

Wachstum

Hundekinder wachsen sehr schnell. Mit vier Wochen können sie rennen und spielen. Mit fünf Wochen bekommen sie ihre ersten Zähne und mit zwölf Monaten sind sie ausgewachsen.

Die Welpen kuscheln sich aneinander, um sich warm zu halten.

Wie ein Welpe wächst:
Von der 1. bis zur 8. Woche

Eine Woche alt

Der Welpe schläft die meiste Zeit. Wenn er hungrig ist, trinkt er bei der Mutter Milch.

Zwei Wochen alt

Der Welpe öffnet seine Augen. Richtig sehen und hören kann er aber noch nicht.

Drei Wochen alt

Der Welpe beginnt seine Umwelt zu entdecken. Er schläft immer noch viel.

Die Mutter leckt die Welpen sauber.

Die Mutter wird zwei Wochen lang dicht bei den Welpen bleiben.

Welpen trinken bei der Mutter Milch.

Vier Wochen alt

Die Welpen spielen miteinander. Sie wachsen schneller und werden selbstständiger.

Fünf Wochen alt

Der Welpe hat bereits alle Zähne. Er verträgt jetzt auch schon festes Futter.

Acht Wochen

Der Welpe ist nun alt genug, dass du ihn mit nach Hause nehmen kannst.

Einen Hund aussuchen

ES GIBT VIELE WEGE, einen Welpen zu finden. Wenn du einen reinrassigen Hund möchtest, kannst du deinen Tierarzt um Hilfe bitten oder den Rasseverein nach einer Züchterliste fragen. Der Tierarzt weiß auch, ob in deiner Nähe Mischlinge ein neues Zuhause suchen. Du kannst auch das Tierheim in deinem Ort anrufen. Dort werden oft neue Plätze für ungewollte Welpen gesucht.

Reinrassige Welpen wie diese Australian Shepherds kosten mehr Geld als Mischlingswelpen.

Reinrassige Welpen

Du kannst bei einem Züchter die Welpen besuchen, wenn sie etwa vier Wochen alt sind. (Den Welpen, den du dir ausgesucht hast, kannst du erst mit acht Wochen zu dir nach Hause holen.) Schau dir an, ob die Mutter der Welpen freundlich ist. Die Welpen werden ihr später oft sehr ähnlich sein.

Schau dir den Wurf an, dann siehst du, wie dein Welpe sich mit anderen Hunden verhält.

Versuche den Welpen erst kennen zu lernen, bevor du dich für ihn entscheidest.

Mischlinge

Auch wenn du einen Mischling haben möchtest, solltest du versuchen, einen seiner Eltern kennen zu lernen, um seine Größe einschätzen zu können. Geht das nicht, schau dir seine Pfoten an. Sind sie sehr groß, wird der Welpe später auch recht groß werden.

Massenzüchter
Es ist besser, den Welpen nicht dort zu kaufen. Oft werden die Welpen zu früh von ihrer Mutter getrennt, sind krank oder zeigen ein auffälliges Verhalten.

Ein gesunder Welpe

Du kannst bei deinem ersten Besuch
eine Menge über den Charakter und
die Gesundheit deines Welpen erfahren.
Er sollte lebhaft und freundlich sein,
ein sauberes Fell und einen sauberen
Po haben. (Vergiss nicht, deinen Tierarzt nach einem Untersuchungstermin
zu fragen, wenn du den Welpen
nach Hause holst.)

*Dein Welpe
sollte glänzende
Augen und
ein gutes
Gebiss
haben.*

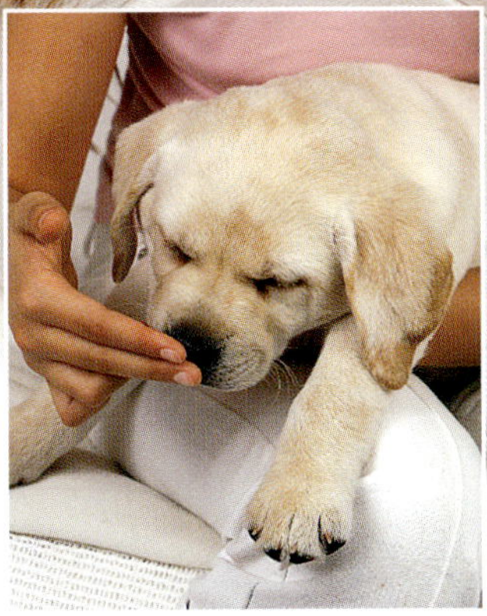

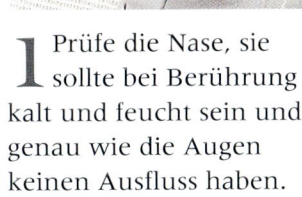

1 Prüfe die Nase, sie
sollte bei Berührung
kalt und feucht sein und
genau wie die Augen
keinen Ausfluss haben.

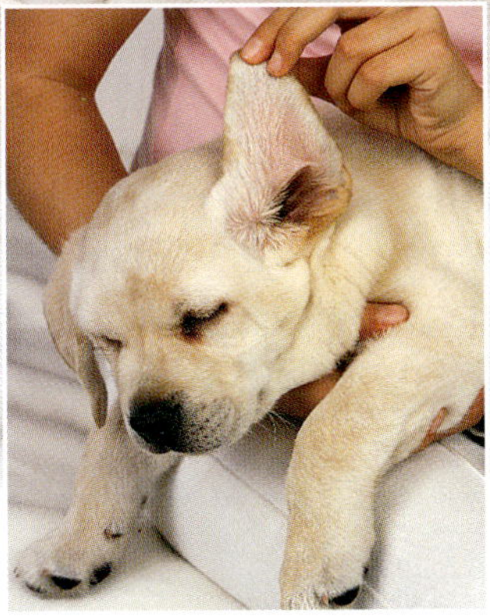

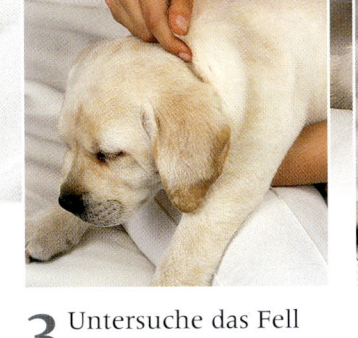

2 Prüfe die Ohren auf
schwarzes Schmalz,
das können Milben sein.
Diese können vom Arzt
behandelt werden.

3 Untersuche das Fell
auf Flöhe. Wie Ohr-
milben können auch sie
mit den richtigen Mitteln
beseitigt werden.

4 Prüfe die Pfoten.
Die Vorderpfoten
sollten fünf, die Hinter-
pfoten vier Krallen
haben.

Vorbereitung

Zoogeschäfte verkaufen sichere Hundespielzeuge, die dein Welpe nicht verschlucken kann. Gib ihm keine von deinen Spielsachen.

ES IST EINE GROSSE UMSTELLUNG für den Welpen, wenn er seine Mutter verlässt. Du kannst ihm bei der Eingewöhnung helfen, wenn du alles vorbereitest, bevor er kommt. Kaufe alle Dinge, die du brauchst, um dich um ihn zu kümmern, möglichst auch sein gewohntes Futter. Achte darauf, dass dein Zuhause ein sicherer Platz für den spielenden Welpen ist.

Sicherheit

Wenn dein Welpe sein Zuhause erkundet, kann er Dinge anknabbern. Schaue dich vorher in allen Zimmern um und bringe für ihn gefährliche Dinge außer Reichweite. Stelle Reinigungsmittel in einen verschlossenen Schrank. Lass keine Messer, Scheren oder Kleinteile auf dem Boden liegen.

Sicherheits-Tipps

• Stöpsle Elektrokabel aus für den Fall, dass der Welpe daran kaut und einen Schlag bekommt.

• Wirf Abfall immer in eine verschließbare Tonne.

• Decke den Gartenteich ab, bis der Hund groß ist.

• Lass den Welpen nicht an Zimmerpflanzen knabbern, diese können ihn krank machen.

• Schließe das Gartentor, damit er nicht raus kann.

Geschäftige Zeiten

Manchmal wirst du etwas ohne deinen Welpen erledigen müssen. Setze ihn in einen Laufstall oder eine große Box, während du beschäftigt bist, damit ihm nichts passiert. Suche für den Laufstall einen ruhigen Platz aus, von dem aus der Kleine dich sehen kann. Gib ihm Spielzeug, Wasser und eine gemütliche Decke. Lege Zeitungspapier hinein, falls er aus Versehen pinkelt.

In einem Laufstall kann dem Welpen nichts passieren.

Was kaufen?

Du solltest deinem Welpen ein Körbchen, Welpenfutter, einen Futter- und einen Wassernapf, Spielsachen, ein Halsband mit Namensschild und eine Leine kaufen. Du brauchst auch Reiniger und alte Zeitungen, solange er noch nicht stubenrein ist.

Du brauchst:

Getrennte Futter- und Wassernäpfe

Welpenfutter

Spielzeug

Halsband aus Nylon oder Leder mit Schild

Leine zum Spazierengehen

Alte Zeitungen

Reiniger

Lege das Körbchen mit einer gemütlichen Decke aus.

Kaustangen sind gut für die Welpenzähne.

Der Einzug

DU WIRST SEHR AUFGEREGT SEIN, wenn du deinen neuen Freund abholst. Das ist ein großer Tag für dich, aber ein noch größerer für deinen Welpen. Er muss sich von seiner Mutter, seinen Geschwistern und allen, die er kennt, trennen und er wird unterwegs vielleicht etwas durcheinander sein. Du kannst ihm dann helfen, wenn du ruhig bleibst. Rede freundlich mit ihm und zeige ihm, dass alles in Ordnung ist.

Zutrauliche Welpen gewöhnen sich meistens leicht ein.

Die Reise

Setze deinen Welpen in einen mit Zeitungen und Decken ausgepolsterten großen Karton oder in eine Hundebox. Wenn er das erste Mal Auto fährt, wird ihm vielleicht übel. Das gibt sich meistens, wenn er öfter im Auto dabei ist und sich ans Fahren gewöhnt hat.

Karton mit Luftlöchern in den Seiten

Hundeboxen gibt es in Zoogeschäften.

Gewöhne deinen Welpen langsam an sein neues Heim. Lass ihn erst alles aus der Box heraus ansehen.

Ankunft zu Hause

Einige Hundekinder werden im neuen Zuhause am Anfang in einem Welpen-auslauf untergebracht, weil sie sich darin wohler fühlen. Sie fressen und schlafen dort und sind sicher, wenn du weggehen musst. Du darfst den Welpen in den ersten Tagen nicht alleine lassen, später nur für wenige Stunden.

Stelle einen Napf mit frischem Wasser in den Welpenauslauf.

Toilettengang

Sobald ihr angekommen seid, musst du den Welpen in den Garten oder auf eine Zeitung setzen, wo er sein Geschäft machen kann. Sage „Gut gemacht", wenn er das Richtige tut, Missgeschicke können aber passieren.

Andere Tiere

Deine anderen Tiere kön-nen eifersüchtig auf den Welpen sein. Mache sie vorsichtig mit ihm bekannt. Pass bei den ersten Treffen gut auf, damit du sicher sein kannst, dass sie spielen und nicht kämpfen.

Welpen haben kleine Mägen, sie brauchen öfter kleine Portionen.

Ernährung

UM GESUND ZU BLEIBEN, braucht dein Welpe die richtige Menge des richtigen Futters zu geregelten Zeiten. Gib ihm spezielles Welpenfutter. Der Tierarzt oder Züchter kann dir einen Fütterungsplan geben, in dem steht, was er in welchem Alter fressen sollte. Futterumstellungen müssen Schritt für Schritt erfolgen, damit sich dein Hund daran gewöhnen kann.

Was füttern?

Wenn du deinem Welpen ein spezielles Welpenfutter gibst, kannst du sicher sein, dass er ausgewogen ernährt ist. Welpenfutter gibt es als Feucht- oder Trockenfutter.

Feuchtfutter

Trockenfutter

Hühnchenfleisch mit Ergänzungsfutter

1 Ehe du das Futter für deinen Hund in den Napf füllst, lege ein Küchentuch zum Schutz der Arbeitsfläche darunter.

2 Dein Welpe darf sich nicht gierig auf sein Futter stürzen. Um das zu erreichen, kannst du ihm vor der Fütterung einen Leckerbissen geben.

Wie oft füttern?

Alter	Täglich
8–12 Wochen	4 Mahlzeiten
13–16 Wochen	3 Mahlzeiten
6 Monate	2 Mahlzeiten
>10 Monate	2 Mahlzeiten (kleine Rassen)
	1 Hauptmahlzeit und eine kleine Portion (große Rassen)

Sauber machen

Wenn dein Welpe gefressen hat, musst du den Napf säubern. Nun kannst du auch den Wassernapf reinigen und neu füllen.

Wasche dir die Hände, nachdem du deinen Hund gefüttert hast.

Fütterungsregeln

1. Halte dich an feste Zeiten.

2. Pass auf, dass der Welpe immer frisches Wasser hat.

3. Gib dem Welpen spezielles Welpenfutter. Die Kleinen brauchen anderes Futter als erwachsene Hunde.

4. Wiege den Welpen jede Woche, um herauszufinden, wie viel Futter er braucht.

5. Stelle das Futter niemals schnell um – immer langsam.

6. Gib dem Welpen nicht zu viel Futter. Dicke Hunde leben nicht so lange wie schlanke.

7. Gib deinem Welpen keine Milch zu trinken.

8. Gib deinem Welpen eine Belohnung, wenn er etwas richtig gemacht hat, aber nicht zu häufig.

8. Gib deinem Welpen niemals Schokolade.

3 Es wird deinen Hund nicht stören, wenn du während seiner Mahlzeit in der Nähe bist. Er weiß, dass du die Person bist, die ihn füttert. Nähere dich ihm beim Fressen jedoch niemals von hinten. Das könnte ihn erschrecken.

Beim Tierarzt

BRINGE DEINEN WELPEN einen Tag nach seiner Ankunft zum Tierarzt. Dieser wird ihn untersuchen und ihm die Spritzen geben, die er braucht, um gesund zu bleiben. Du solltest einen Tierarzt in deiner Nähe suchen, dieser ist bei einem Notfall schnell erreichbar.

Bringe deinen Welpen in einer Box zum Tierarzt.

Der erste Termin

Besuche den Tierarzt am Anfang oder Ende der Sprechstunde. Dann kommt dein Welpe nicht mit so vielen Artgenossen in Kontakt, solange er nicht voll geimpft ist.

1 Der Tierarzt wird genau untersuchen, ob dein Welpe gesund ist. Er schaut sich Augen, Ohren, Zähne und Fell an und tastet den Bauch nach Schwellungen ab, die nicht sein dürfen.

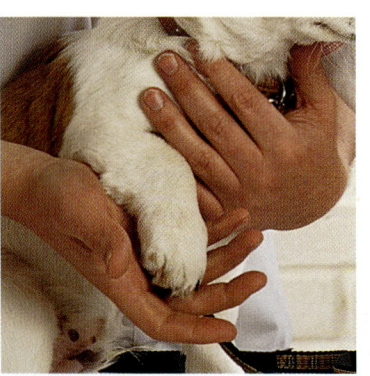

2 Sind die Krallen zu lang, weil der Hund noch wenig spazieren geht, wird der Tierarzt diese kürzen.

Beruhige den Welpen, wenn er Angst beim Tierarzt hat.

3 Er wird das Herz des Welpen mit einem Stethoskop abhören, damit kann er die leisen Töne besser hören.

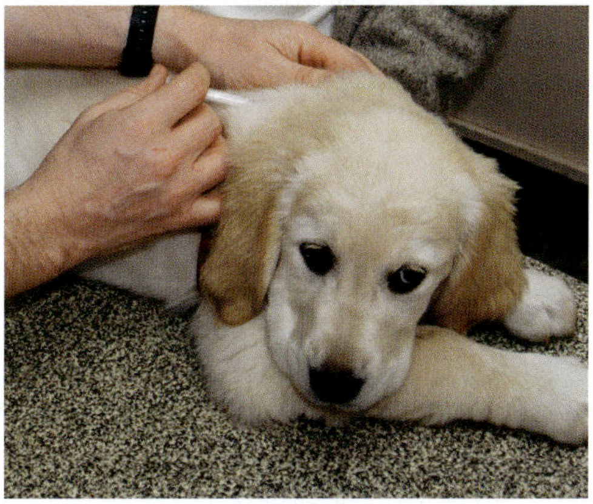

Schütze deinen Hund

Der Tierarzt wird deinen Welpen impfen, um ihn vor gefährlichen Krankheiten zu schützen. Er bekommt seine erste Spritze mit 8 bis 10 Wochen, die nächste mit 12 bis 14 Wochen. Eine Woche nach der zweiten Impfung wird er voll geschützt sein.

Tollwut

Ob Hundeschule, Hundesport, Hundeausstellung oder Urlaubsreise, wenn dein Hund dort dabei sein soll, muss er gegen Tollwut geimpft sein.

Es ist wichtig, seinen Hund vor Krankheiten zu schützen.

Stütze Brustkorb und Po, wenn du den Welpen hältst.

Vorsorge

DEIN TIERARZT weiß viel über Hunde. Er kann dir erklären, wie du deinen Welpen gesundhalten kannst, und dir alle deine Fragen beantworten. Manche Dinge musst du jeden Tag oder jede Woche tun, um Krankheiten vorzubeugen. Der Tierarzt kann dir und deinen Eltern genau zeigen, wie diese Dinge gemacht werden.

Erkennungs-Chips sind so groß wie ein Reiskorn.

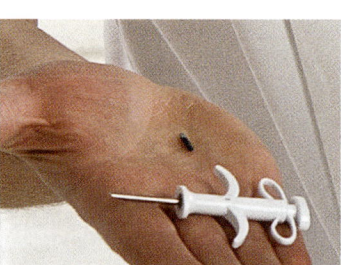

Erkennungs-Chips

Der Tierarzt schützt deinen Welpen, indem er ihm einen Chip unter die Haut spritzt. Wenn dein Welpe einmal wegläuft, kann der Chip vom Tierheim eingelesen werden. So weiß man, dass es dein Hund ist, und kann ihn zurückbringen.

Entwurmung

Damit dein Hund keine Würmer im Bauch hat, muss er alle drei Monate entwurmt werden. Der Tierarzt gibt dir die richtige Dosierung, die vom Gewicht des Hundes abhängt. Mische die Tablette dann unter das Futter.

Die Entwurmungstablette wird mit dem Futter gegeben.

Zähne und Krallen

Putze die Zähne deines Hundes jeden zweiten Tag mit einer speziellen Hundezahnbürste und Hundezahnpasta. Dein Tierarzt zeigt dir, wie das geht. Kürze die Krallen mit deinen Eltern zusammen, denn sie können bluten, wenn sie zu kurz abgeschnitten werden.

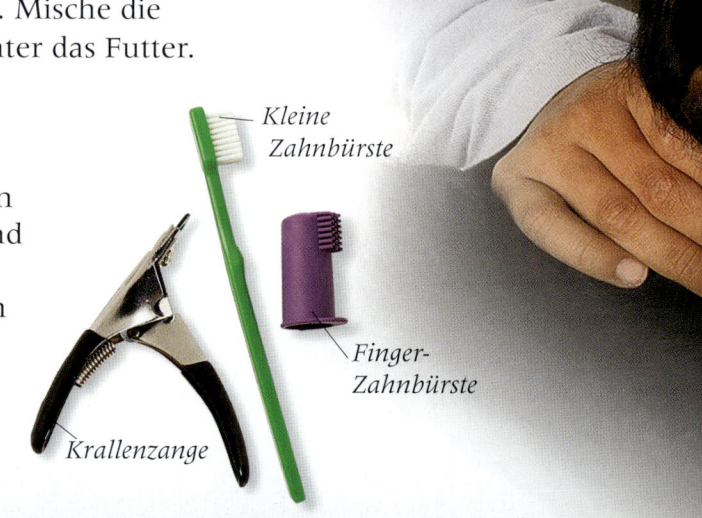

Kleine Zahnbürste

Finger-Zahnbürste

Krallenzange

*Putze die
Zähne deines
Welpen regel-
mäßig.*

Jeden Tag

- Füttere deinen Hund.
- Fülle den Wassernapf.
- Trainiere mit ihm.
- Verbringe Zeit mit dem Welpen. Bürste ihn, schaue, ob seine Augen, Ohren und Pfoten in Ordnung sind.

Jede Woche

- Putze seine Zähne jeden zweiten Tag
- Wiege deinen Welpen, um zu sehen, ob er mehr oder weniger Futter braucht.
- Prüfe, ob das Halsband passt.

Andere Termine

- Entwurme alle drei Monate.
- Lass ihn nachimpfen.

Wichtige Papiere

Bewahre alle wichtigen
Unterlagen des Hundes in
einem Ordner auf. Dazu
gehören sein Impfpass,
Fotografien, seine Ahnen-
tafel und andere Papiere.
Schreibe auf, wann er das
nächste Mal entwurmt
und geimpft werden muss.

Impfpass

Ordner für Unterlagen

Pudelwelpe

Weiche Spielsachen sind kuschelig

Stelle von Anfang an Regeln auf. Welpen lernen schnell.

Eingewöhnung

ES IST WICHTIG, dass du deinem Welpen von Anfang an die Familienregeln beibringst. Er muss wissen, wo seine Toilette ist, wo er fressen und schlafen soll. Damit sich dein Welpe nachts nicht einsam fühlt, solltest du ihn in einem Körbchen oder auf einer Decke im Schlafzimmer unterbringen. Später wird er sich daran gewöhnen müssen, alleine zu bleiben.

Schlafenszeit

Spiele mit deinem Welpen, bevor du zu Bett gehst. Das macht ihn müde und er will schlafen. Damit er sich nachts nicht alleine fühlt, stelle sein Körbchen in dein Zimmer. Wickle eine warme Wärmflasche in Tücher ein und lege sie zum Ankuscheln in das Körbchen.

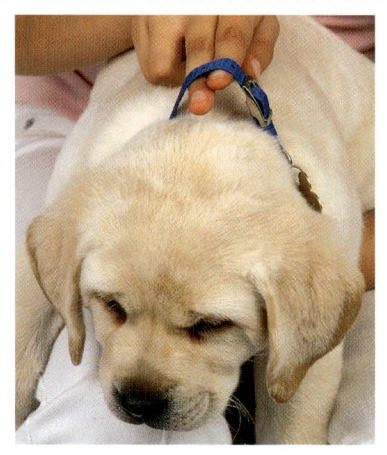

Das Halsband anpassen

Du solltest deinen Welpen so schnell wie möglich an das Halsband gewöhnen. Es müssen zwei deiner Finger zwischen das Halsband und den Hals deines Hundes passen. Anfangs wird er vielleicht am Halsband kratzen, es später jedoch vergessen, wenn du ihn ablenkst.

Hunde schnüffeln oft am Boden, bevor sie ihr Geschäft machen.

Stubenreinheit

Bringe deinem Welpen bei, wo draußen seine Toilette ist. Gehe alle zwei Stunden sowie nach dem Fressen und Schlafen mit ihm raus, damit er dort sein Geschäft machen kann. Bringe ihn immer an den gleichen Platz. Warte, bis er fertig ist, auch wenn es einige Minuten dauert. Streichle und lobe ihn, wenn er brav war.

Welcher Name?

Wähle einen kurzen Namen für deinen Welpen, wie Momo oder Berti. Vermeide Namen, die wie Kommandos klingen, z.B. Fritz. Rufe den Namen so oft es geht. Der Welpe wird ihn bald lernen und auf dein Rufen hören.

1 Beim Üben des Namens kniest oder setzt du dich mit offenen Armen auf den Boden und rufst ihn ganz freundlich.

2 Zeige ihm, dass du dich freust, wenn er zu dir kommt. Gib ihm eine Belohnung und streichle ihn herzlich.

3 Wenn du dich herunterbeugst, zeigst du ihm, dass er nicht hochspringen soll. Das lernt er jetzt leichter als später.

Wenn der Welpe seinen Namen kennt, kannst du mit der Erziehung starten.

Langhaarige Welpen brauchen viel Pflege.

Fellpflege

BÜRSTE DEINEN WELPEN jeden Tag. So sorgst du für ein weiches und sauberes Fell. Dabei hast du die Gelegenheit, das Fell auf Flöhe und Zecken sowie die Ohren auf Milben hin zu prüfen. So kannst du deinem Welpen auch beibringen, dass er manchmal stillsitzen muss, auch wenn er lieber toben will – das ist wichtig.

Bürste oder Kamm?

Es gibt viele verschiedene Pflege-Utensilien. Frage den Züchter oder Tierarzt, was das Beste für das Fell deines Welpen ist. Einige Hunde haben ungewöhnliches Fell, wie die Pudel mit ihren Locken. Sie werden regelmäßig im Hundesalon gepflegt und geschoren.

Pudelfell braucht eine spezielle Pflege.

Bürste

Kamm

Noppen-bürste

Tägliches Bürsten

Wenn du deinen Hund jeden Tag bürstest, entfernst du die meisten losen Haare und hältst so eure Wohnung sauber! Ansonsten können Hunde stark haaren, gerade im Frühjahr, wenn sie ihr dickes Winterfell verlieren.

Langes, seidiges Haar wird gekämmt.

Baden

Bade keinen Hund unter 6 Monaten. Spüle ihn mit klarem Wasser ab, wenn er sehr dreckig ist. Trockener Schlamm wird ausgebürstet.

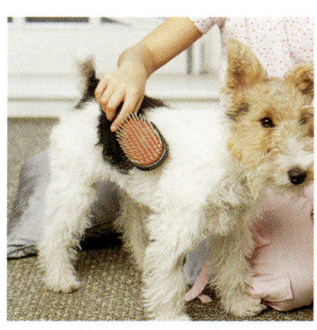

1 Gewöhne den Welpen langsam an die Fellpflege. Streichle ihn, wenn er sich setzt, und bürste ihn anschließend vorsichtig. Beginne immer am Körper.

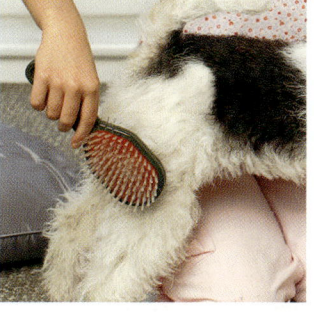

2 Streiche von der Schulter zu den Hinterbeinen und Pfoten. Muss das Haar zwischen den Zehen geschnitten werden, mache das mit einer abgerundeten Schere.

3 Bürste Kopf und Ohren. Die Haare in den Ohren müssen ganz vorsichtig gebürstet werden. Zum Schluss säuberst du die Augen mit einem weichen, feuchten Tuch.

Benutze nie Menschenshampoo für Hunde.

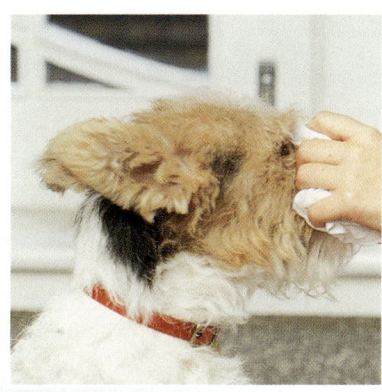

Wische die Augen von außen nach innen aus.

4 Dein Welpe schläft nach dem Bürsten oft ein, denn er fühlt sich nun sehr wohl und ist ganz entspannt.

*Hechelt dein Welpe?
Dann ist ihm warm!*

Hundesprache

ES GIBT VIELE MÖGLICHKEITEN, wie dein Welpe dir zeigen kann, wie er sich fühlt. Er kann bellen, wenn er etwas haben möchte, oder mit dem Schwanz wedeln, wenn er sich freut. Wenn du lernst, seine Sprache zu verstehen, kann dir dies sehr bei seiner Erziehung helfen.

Bellen

Welpen bellen, wenn sie aufgeregt sind oder dich aufmerksam machen möchten, wenn sie spielen wollen oder raus müssen. Ältere Hunde bellen, wenn jemand zur Tür hereinkommt oder sie ein fremdes Geräusch hören. Das ist ein Warnbellen. Es ist leicht, das zu unterscheiden.

Welpen heben beim Bellen den Kopf.

Schwanzwedeln

Der Schwanz deines Welpen zeigt dir, wie er sich fühlt. Er wedelt hin und her, wenn er sich freut oder aufgeregt ist. Wenn sein Schwanz gerade nach oben steht, ist er sehr wachsam and aufmerksam. Und wenn dein Welpe Angst hat, klemmt er den Schwanz zwischen seine Beine.

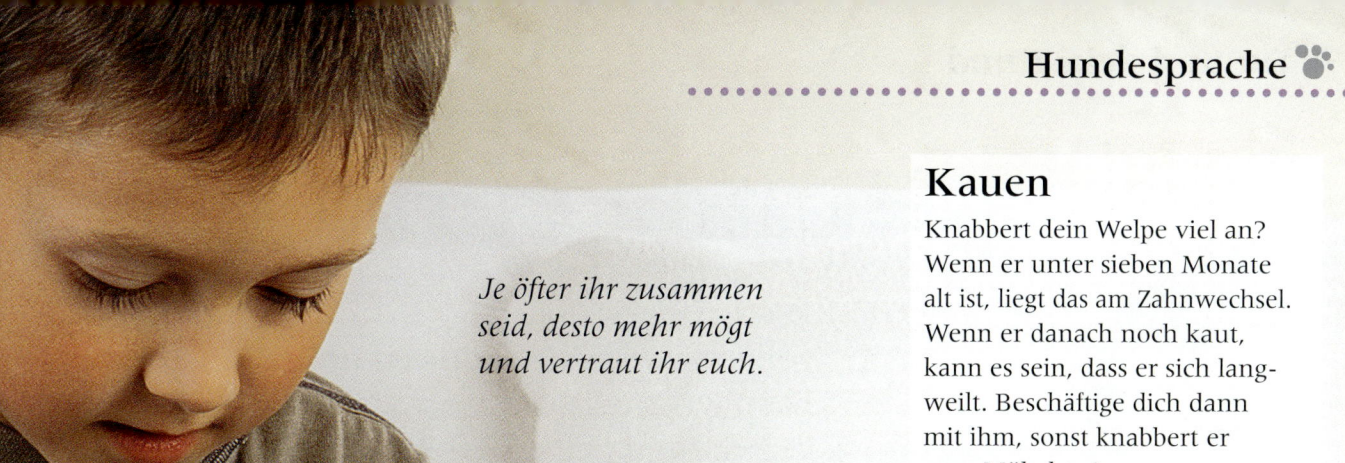

Je öfter ihr zusammen seid, desto mehr mögt und vertraut ihr euch.

Sich um den Welpen zu kümmern ist gut für euch beide!

Kauen

Knabbert dein Welpe viel an? Wenn er unter sieben Monate alt ist, liegt das am Zahnwechsel. Wenn er danach noch kaut, kann es sein, dass er sich langweilt. Beschäftige dich dann mit ihm, sonst knabbert er eure Möbel an!

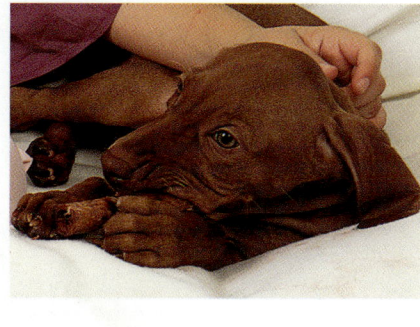

Wachhunde

Wenn Welpen älter werden, beschützen sie ihr Heim. Sie bellen, um zu warnen, wenn ein Fremder an der Tür ist.

Deutsche Schäferhunde passen gut auf, brauchen aber eine gute Erziehung.

Hunde verstehen

WILDE HUNDE LEBEN IN GRUPPEN, die Rudel genannt werden. Ein Hund ist der Chef und passt auf, dass die anderen den Regeln folgen. Jeder Hund hat seinen Platz im Rudel. Wenn du einen Hund bekommst, werden du und deine Familie sein Rudel. Wenn er weiß, dass du und deine Eltern die Chefs sind und seine Position kennt, wird er gern euren Regeln folgen.

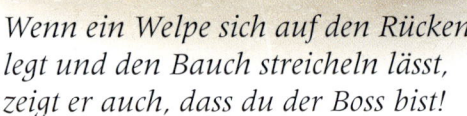

Wenn ein Welpe sich auf den Rücken legt und den Bauch streicheln lässt, zeigt er auch, dass du der Boss bist!

Hundesprache

Ein Welpe „spricht" mit dem ganzen Körper. Er hüpft, wenn er spielt, und ist traurig, wenn du ihn ausschimpfst. Er wird z.B. aufmerksam, wenn er einen anderen Hund sieht oder hört. Die Haare auf dem Rücken stehen dann hoch. Seine Ohren, Haare und sein Schwanz zeigen seine Stimmung.

In einem Foxhound-Rudel sind einige Hunde wichtiger als andere Mitglieder.

Der überlegene Welpe steht, während der andere liegt.

Spielaufforderung

Wenn dein Welpe mit dir spielen will, legt er sich auf den Boden und streckt den Po in die Luft. Das nennt man Spielaufforderung. Dann wedelt er mit dem Schwanz und bellt, um deine Aufmerksamkeit zu bekommen.

Aufgestellter Schwanz

Die Sinne

Ein Hund hört und riecht besser als der Mensch. Er weiß, dass jemand an der Tür ist, bevor es klingelt, und spitzt die Ohren, um herauszufinden, wer der Anrufer am Telefon ist.

Ohren aufstellen

Alarm

Ein wachsamer Hund hört und schnüffelt in der Luft. Wenn er etwas näher untersuchen will, steht er auf. Er kann Bewegungen besser als ein Mensch wahrnehmen, dafür sieht er die Farben aber anders.

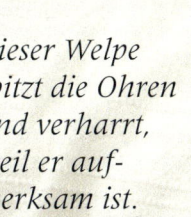

Unterwürfige Körperhaltung

Dieser Welpe spitzt die Ohren und verharrt, weil er aufmerksam ist.

Traurig

Wenn dein Welpe ungezogen ist und du ihn ausschimpfst, schaut er traurig, lässt die Ohren hängen, klemmt den Schwanz ein und kriecht auf dem Boden, um sich zu entschuldigen.

Freunde finden

DAS WICHTIGSTE, was du für deinen Welpen tun kannst, ist, ihm die Welt um ihn herum zu zeigen. Die beste Zeit, um das zu tun, ist zwischen der achten und sechzehnten Woche. Zeige ihm so viele Menschen, Eindrücke und Geräusche, wie du kannst. Dann wird er keine Probleme haben, wenn er älter wird und ihr zusammen spazieren geht.

Die erste Bindung hat der Welpe zu seinem neuen Besitzer.

Die neue Familie

Dein Welpe wird am Anfang etwas ängstlich sein, deswegen musst du ihn behutsam mit anderen Familienmitgliedern und Tieren bekannt machen. Am besten setzt sich jeder auf den Boden, damit der Welpe zu ihm gehen kann. Nur dann sollte der Welpe begrüßt werden.

Hunde und Katzen können gute Freunde sein.

Checkliste

• Hetze deinen Welpen nie.

• Pass auf den Welpen auf, wenn er andere Tiere trifft.

• Mache deinen Welpen mit möglichst vielen Personen und Situationen vertraut.

Welpenspielgruppen

Frage den Tierarzt nach Welpen-
spielgruppen in deiner Nähe. Dort
trifft der Welpe andere Hunde und
lernt im Spiel sowohl den Umgang
mit Artgenossen
als auch den mit
Menschen.

*Ein Welpe kann
mit 9 Wochen Wel-
penspielgruppen
besuchen.*

*Dein Welpe sollte viele verschiedene
Menschen kennen lernen.*

Leute treffen

Warte nicht auf eine Feier, bis
dein Welpe andere Menschen
trifft. Triff deine Freunde, nimm
den Hund mit in Geschäfte und
auf die Straße, damit er den
Nachbarn begegnet.

*Einen freundlichen Hund
kannst du überall mit
hin nehmen.*

*Dein Welpe wird auf Spaziergängen
fremde Hunde treffen. Die Begeg-
nung sollte immer friedlich sein.*

Ein freundlicher Welpe

Je mehr Dinge dein junger Welpe
erlebt, desto besser. Achte bei allem
aber darauf, dass er sich wohl fühlt.
Wenn er vor etwas zurückschreckt,
darfst du ihn nicht drängen und
musst ihm mehr Zeit lassen. Bleib
geduldig. Wenn er soweit ist, wird
er mit Spaß alles erkunden.

Dein Welpe wird sich anfangs gegen die Leine sträuben.

Training

ES LIEGT AN DIR, deinem Welpen das richtige Benehmen beizubringen. Zeige ihm, was du von ihm erwartest, und belohne ihn sofort, wenn er etwas richtig macht. Beginne das Training mit kurzen Übungen, immer nur wenige Minuten. Es muss Spaß machen, trotzdem ist es Training, kein Spiel. Habe Geduld und gib nicht auf!

Der Anfang

Ebenso wie die Stubenreinheit, musst du dem Welpen zuerst seinen Namen beibringen (siehe Seite 25). Er muss auch das Wort „Nein" verstehen, damit du ihn vor Ärger schützen kannst. Sage „Nein" immer in einem strengen Ton und lache dann nicht, auch wenn der Hund etwas Lustiges macht. Er kann unsere Sprache nicht verstehen, deshalb musst du ihm dazu Zeichen geben.

Der Junge hebt den Finger für ein „Nein".

Geduld

Sei immer geduldig mit deinem Welpen. Achte darauf, dass die ganze Familie die gleichen Kommandos benutzt. Verliere nicht die Nerven, wenn etwas schief läuft, und schlage den Welpen niemals!

Belohnungen

Belohne oder lobe den Welpen sofort, wenn er etwas richtig macht. So lernt er, dass er etwas bekommt, wenn er dir gehorcht! Beende das Training immer positiv mit einer Übung, die dein Welpe gut kann.

Lass deinen Hund nach einem guten Training zur Belohnung mit seinem Lieblingsspielzeug spielen.

Strafen

Manchmal musst du deinen Welpen strafen, weil er ungezogen war oder dich beim Spielen zu fest gebissen hat. Ignoriere ihn dann und schaue ihn nicht an. Er weiß dann, dass er etwas Falsches getan hat, und wird damit aufhören.

Sei konsequent mit dem Welpen, damit er schnell lernt.

Warten

Dein Welpe muss ruhig sitzen oder stehen, während du sein Futter zubereitest. Er muss auch so lange warten, bis du seinen Napf auf den Boden gestellt hast und zur Seite gegangen bist, bevor er mit dem Fressen anfängt. Beachte das vom ersten Tag an. Sage deinem Welpen dann „Warte", und erst, wenn du fertig bist, freundlich „OK".

Welpen lernen schnell und wollen gefallen.

Erziehung

DAS BESTE ALTER FÜR DIE ERZIEHUNG deines Welpen ist zwischen dem dritten und sechsten Lebensmonat. Dann lernt er schnell, wenn du ihn für seinen Gehorsam lobst und belohnst und ihm zeigst, dass du enttäuscht bist, wenn er ungezogen war. Du kannst ihm beibringen zu sitzen, sich hinzulegen und Tricks zu machen. Er muss auch lernen, sich an der Leine zu benehmen. Wenn du ihm noch mehr beibringen willst, kannst du dich im Hundeverein oder der Hundeschule zu Erziehungskursen anmelden.

Sitzen

Um deinem Welpen „Sitz" beizubringen, rufst du seinen Namen und machst ihn aufmerksam. Wenn er vor dir steht, zeigst du ihm ein Leckerli. Bewege es langsam über seinen Kopf. Dein Welpe wird sich hinsetzen, um das Leckerli zu beobachten. In dem Moment sagst du „Sitz". Zeige ihm wie du dich freust, wenn er sitzt, gib ihm das Leckerli und lobe ihn.

Dein Welpe wird vielleicht nach dem Leckerli springen statt zu sitzen. Versuche es dann erneut.

Bald wird dein Welpe lernen, das Richtige zu tun.

Trainings-Tipp

Dein Welpe ist aufmerksam, wenn du zuerst seinen Namen sagst. Dann gibst du freundlich, aber bestimmt das Kommando.

Bringen

Welpen lieben es, Spiel-
sachen zu jagen und zu
bringen. Wirf ein Spielzeug.
Wenn er ihm folgt, rufst du
seinen Namen und freund-
lich „Bring". Bringt er es zu
dir zurück, hältst du die
Hand auf, sagst seinen
Namen und „Gib".

1 Dieser Welpe lernt Dinge
zu bringen, muss aber
noch lernen, sie herzugeben.

Liegen

Dein Welpe soll sich hinlegen.
Halte ein Leckerli unter seine
Nase und bewege es zum Boden. Er wird ihm mit der Nase
folgen. Ziehe es nun von dem
Welpen weg. Wenn er sich
streckt, um es zu erreichen,
sagst du „Platz". Lobe und
belohne ihn, wenn er liegt.

2 Verfolge den Welpen
niemals, wenn er dir das
Spielzeug nicht gibt. Damit
gibst du ihm ein falsches Zeichen. Statt „Bring" zu lernen,
denkt er, du spielst Fangen.

Hundeverein

Bevor du in einen Hunde-
verein eintrittst, solltest du
einmal ohne deinen Hund
hingehen und dir ansehen,
ob es dir dort auch gefällt.

Leine den Welpen an, bevor ihr rausgeht, damit er nicht wegläuft.

Spaziergänge

ES IST EIN AUFREGENDER TAG, wenn du das erste Mal mit deinem Welpen spazieren gehst. Denke daran, dass es draußen Gefahren für ihn gibt und es an dir liegt, ihn davor zu schützen. Lass ihn nicht von der Leine, besonders an Straßen, und vergiss nicht, dass nicht alle Leute Hunde mögen.

An der Leine gehen

Spaziergänge mit deinem Welpen machen Spaß, solange er sich gut benimmt. Wenn er zieht, bleibst du stehen. Dreht er sich dann nach dir um, sagst du „Hier". Lobe ihn, wenn er dies macht, und gehe einige Schritte zurück, bevor ihr weitergeht. Er wird bald lernen, dass er die Wiese oder den Park schneller erreicht, wenn er an deiner Seite läuft, statt zu ziehen.

Gehe auf eine große Wiese, wo dein Welpe viel Platz zum Spielen hat.

1 Es ist wichtig, dass der Welpe lernt, eine Straße sicher zu überqueren. Halte die Leine kurz, damit er nicht vorläuft.

2 Er muss lernen zu sitzen und zu warten, bis die Straße frei ist. Er darf auch keine Autos oder Fahrräder jagen.

3 Wenn die Straße frei ist, sagst du deinem Welpen, dass er an deiner Seite laufen soll. Er soll dies ruhig tun und nicht ziehen.

Abtrocknen

Wird der Welpe draußen
nass, musst du ihn ab-
trocknen, damit er
nicht friert. Vorsicht
mit den Pfoten.

Hundehaufen

Nimm beim Spazier-
gang immer eine Plas-
tiktüte mit, damit du
die Häufchen des Wel-
pen draußen richtig
entsorgen kannst.

Wenn Kinder mit
Welpen unter-
wegs sind, muss
ein Erwachsener
sie begleiten.

Spielen

Ein Ball ist ein tolles Spielzeug. Er muss so groß sein, dass er nicht verschluckt werden kann.

WELPEN SPIELEN SEHR GERN. Im Spiel lernen sie etwas über ihre Umwelt und es hilft ihnen, gesund und glücklich zu sein. Besonders junge Welpen lieben es, Fangen zu spielen. Ältere Welpen mögen Versteck- und Such-Spiele, wobei sie lernen, ihren guten Geruchssinn zu nutzen.

Welches Spielzeug?

Es gibt viele Spielsachen, die du deinem Welpen kaufen kannst. Welpen mögen weiche Spielsachen, harte Gummispielsachen zum Kauen oder Quietschtiere. Welches Spielzeug du auch für deinen Welpen aussuchst, er sollte es immer wieder gern hergeben. Gib ihm nie deine alten Spielzeuge, wenn sie sich nicht zum Kauen eignen.

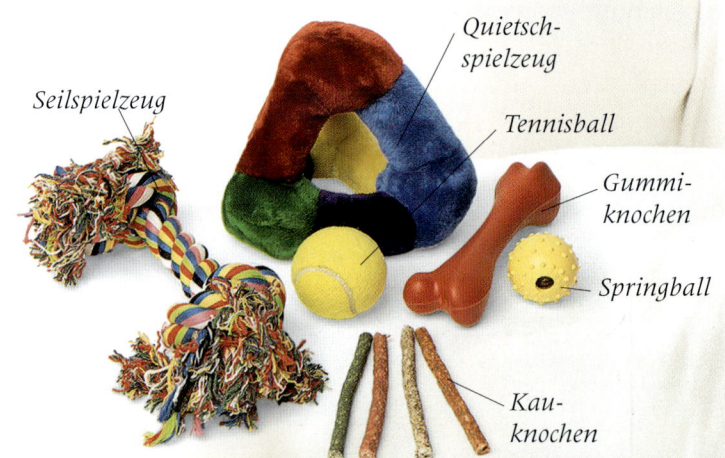

Seilspielzeug

Quietsch-spielzeug

Tennisball

Gummi-knochen

Springball

Kau-knochen

Spielerisches Beißen

Im Spiel beißen Welpen ihre Geschwister. Zeige deinem Welpen, dass er das bei dir nicht tun darf, indem du das Spiel sofort abbrichst, wenn er zu wild wird. Er wird bald sanfter spielen.

Zerrspiele

Dein Welpe reißt und zerrt gern an allem, was er zu fassen kriegt. Doch dies ist kein gutes Spiel für die Erziehung. Wenn er älter wird, kann er sehr stark werden und dich beim Spielen besiegen, was nicht gut wäre.

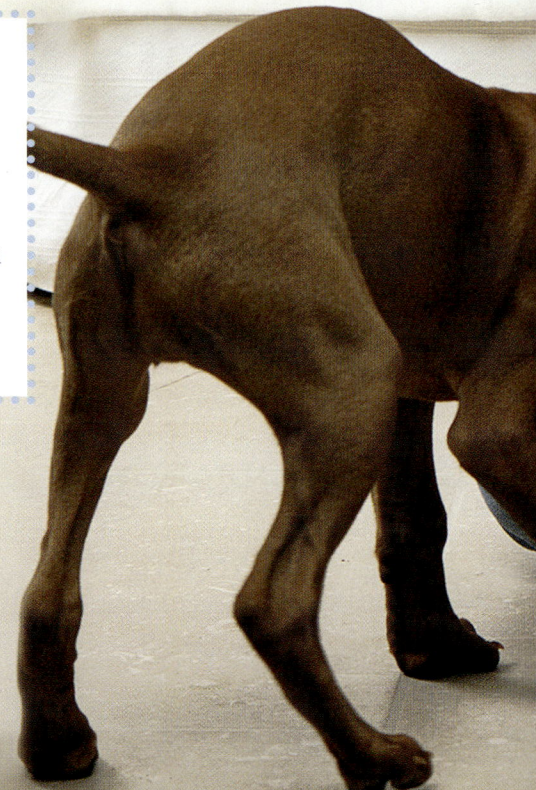

Spielstunde

Welpen lieben alle Spiele. Sie rennen hinter Bällen her, apportieren weiche Spielsachen und suchen verstecktes Spielzeug. Wenn du deinem Welpen ein neues Spielzeug gibst, wird er sehr aufgeregt sein. Trotzdem sollte er es dir immer geben, wenn du dies verlangst.

Seilspielzeuge sind gut zum Kauen und für Bringspiele geeignet.

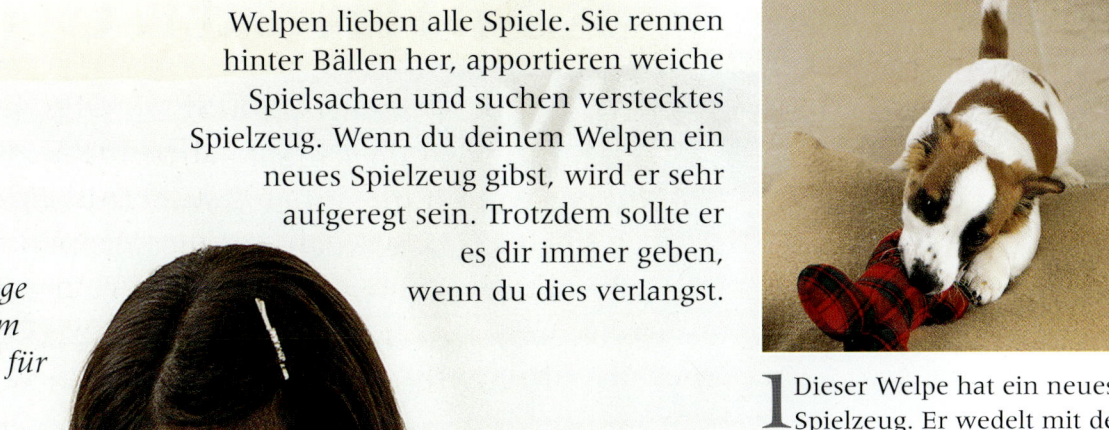

1 Dieser Welpe hat ein neues Spielzeug. Er wedelt mit dem Schwanz und springt es an. Dann findet er heraus, wie es quietscht.

2 Er nimmt es ins Maul, rollt sich darauf und trägt es für eine Weile herum. So markiert er es mit seinem Geruch.

3 Wie sehr er das Spielzeug auch mag, er muss es hergeben, wenn du das möchtest. Lobe ihn dann dafür, damit er es lernt.

Fühlt ein Welpe sich unwohl, sieht er oft traurig aus. Die Nase kann sich trocken und warm anfühlen.

Krankheiten

WENN DU DEINEN WELPEN immer gut beobachtest, wirst du schnell merken, wenn er sich nicht wohl fühlt. Junge Hunde können recht schnell krank werden, daher solltest du bei ihnen besonders aufmerksam sein. Glücklicherweise geht es ihnen meistens bald wieder besser. Wenn du glaubst, dass dein Welpe ernsthaft krank ist, musst du ihn schnell zum Tierarzt bringen.

Anzeichen erkennen

Ein kranker Welpe wirkt traurig, will nicht spielen und schläft mehr als sonst. Will dein Welpe nicht fressen, muss er trotzdem genug trinken, denn Welpen trocknen leicht aus. Wenn er sich verkrampft, hat er vielleicht Bauchschmerzen. Erbricht er mehr als einmal, hat Durchfall oder Verstopfung, ist das beunruhigend – rufe dann besser den Tierarzt an.

Unterwegs

Sei vorsichtig, wenn dein Welpe im Auto bleiben muss. Wenn es heiß ist, kann er einen Hitzschlag bekommen. Lass ihn niemals lange im Auto, auch wenn das Fenster offen ist. Wenn du ihn für einige Minuten alleine lassen musst, gib ihm genug Wasser.

Tropfen geben

Es kann sein, dass du oder deine Eltern deinem Hund Ohren- oder Augentropfen geben müssen. Verhalte dich dann ruhig und leise, damit dein Hund sich entspannt. Rede beruhigend auf ihn ein und schmuse danach mit ihm.

Halte deinen Welpen ruhig, wenn du ihm Ohrentropfen gibst.

Juckreiz kann durch Flöhe verursacht werden.

Flöhe

Wenn dein Welpe sich mehr als sonst kratzt, musst du mit einem Flohkamm prüfen, ob er Flöhe hat. Findest du welche, muss er sofort behandelt werden.

Insekten

Falls ein Insekt deinen Welpen sticht oder beißt, kann das eine Schwellung geben. Wenn sie sich auf der Nase oder im Rachen befindet, kann sie die Atmung erschweren. Bringe den Welpen dann zum Tierarzt, damit er bei einer allergischen Reaktion schnell hilft. Er wird dem Welpen eine Spritze geben, dadurch geht die Schwellung zurück.

Halte den Welpen warm und beruhige ihn, wenn du ihn zur Behandlung beim Tierarzt bringst.

In eine Decke gehüllt geht es zum Tierarzt.

Notfälle

Wenn dein Welpe offensichtlich Schmerzen oder eine blutende Wunde hat, musst du ihn direkt zum Tierarzt bringen. Es kann etwas Ernstes sein und jede Verzögerung kann es schlimmer machen. Bringe ihn besonders vorsichtig zum Tierarzt. Lege ihn in eine Box, die du mit einer Decke auspolsterst, und bewege ihn möglichst wenig.

Größer werden

DEIN WELPE WÄCHST im ersten Jahr sehr schnell und altert siebenmal schneller als du (kleine Rassen etwas langsamer). Hunde können etwa 12 Jahre alt werden. Daher bedeutet es für dich und deine Familie eine große Verantwortung, euern Hund ein Leben lang zu versorgen.

Mit 12 Monaten sind die meisten Hunde ausgewachsen.

Kastration

In den ersten Monaten als Hundehalter musst du entscheiden, ob dein Hund später kastriert werden soll. Hündinnen werden im Alter von sechs bis zwölf Monaten, Rüden mit zwölf Monaten kastriert. Du solltest das auf jeden Fall mit deinem Tierarzt besprechen. Er kann dich beraten und dir sagen, wann der beste Zeitpunkt für die Operation ist.

Wenn deine Hündin Junge bekommt, musst du für alle Welpen gute Plätze finden.

Futterumstellung

Wenn dein Hund ausgewachsen ist, muss er vom Welpenfutter auf Futter für erwachsene Hunde umgestellt werden. Mache das über einige Tage, um Magenprobleme zu vermeiden. Alte Hunde brauchen wieder anderes Futter, frage dann den Tierarzt.

Füttere nicht zu viel. Dicke Hunde sind oft krank.

Wird der Hund größer, musst du öfter prüfen, ob das Halsband gelockert werden muss oder er ein neues braucht.

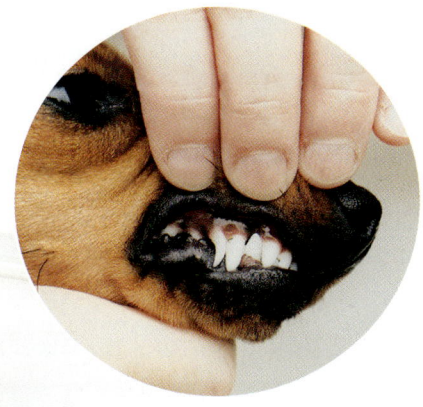

*Dieser Hund ist
9 Monate alt und
erreicht leicht die
Taille des Mädchens.
Mit 7 Wochen (siehe
Seite 25) reichte er ihr
gerade bis zum Knie.*

Zahnpflege

Nicht alle Welpen verlieren
ihre ersten Zähne. Beim
Zähneputzen entdeckst du
überzählige Zähne leicht. Du
kannst auch den Tierarzt bitten, sie während einer Unter-
suchung zu kontrollieren.
Überzählige Zähne müssen
gezogen werden, um Gebiss-
fehlern vorzubeugen. Das ist
eine ganz einfache Sache.

Älter werden

Ältere Hunde laufen nicht
mehr so weit wie früher.
Wie Menschen bekommen
sie steife Gelenke. Sie können
auch schwerhörig werden.
Denke daran, wenn du sie
von der Leine lässt. Einige
brauchen einen Mantel,
damit sie nicht frieren.

Welsh Terrier sind mittelgroße Hunde.

Hunderassen

DIE TABELLE UNTEN zeigt die Größe ausgewachsener Hunde einiger beliebter Rassen. Sie gibt einen Überblick über ihren Pflege- und Erziehungsaufwand. Weitere Informationen bekommst du auch im Internet (siehe unten).

Empfohlene Internetseiten

www.vdh.de
www.hunde.com

Legende

Bis zu 30 cm	wenig
30–55cm	mäßig
Über 55cm	beträchtlich

Die Silhouette zeigt die Durchschnittsgröße eines 10-jährigen Kindes und ausgewachsener kleiner, mittlerer und großer Hunde.

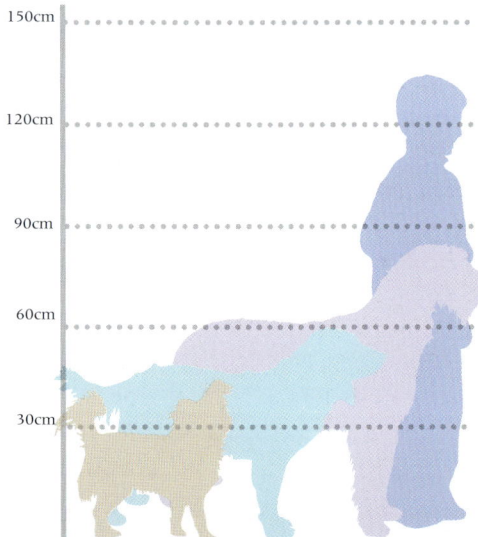

Rasse	Größe	Aufwand an Erziehung	Aufwand an Pflege
Chihuahua (Kurzhaar)	Bis zu 30 cm	wenig	wenig
Chihuahua (Langhaar)	Bis zu 30 cm	wenig	mäßig
Yorkshire Terrier	Bis zu 30 cm	wenig	beträchtlich
Australian Silky Terrier	Bis zu 30 cm	wenig	mäßig
Malteser	Bis zu 30 cm	mäßig	beträchtlich
Shih Tzu	Bis zu 30 cm	mäßig	beträchtlich
Dackel (Kurzhaar)	Bis zu 30 cm	mäßig	wenig
Dackel (Langhaar)	Bis zu 30 cm	mäßig	mäßig
Dackel (Rauhaar)	Bis zu 30 cm	mäßig	mäßig
Pekinese	Bis zu 30 cm	mäßig	beträchtlich
West Highland Terrier	Bis zu 30 cm	mäßig	beträchtlich
Cavalier King Charles	30–55cm	wenig	mäßig
Pudel (Zwerg-/Klein-)	30–55cm	mäßig	beträchtlich
Cocker Spaniel	30–55cm	mäßig	beträchtlich
Whippet	30–55cm	mäßig	wenig
Schnauzer	30–55cm	beträchtlich	mäßig
Beagle	30–55cm	beträchtlich	wenig
Staffordshire Bull Terrier	30–55cm	beträchtlich	wenig
Border Collie	30–55cm	mäßig	mäßig
Labrador Retriever	Über 55cm	wenig	mäßig
Golden Retriever	Über 55cm	wenig	mäßig
Deutscher Schäferhund	Über 55cm	beträchtlich	mäßig
Boxer	Über 55cm	mäßig	wenig
Collie	Über 55cm	wenig	beträchtlich
Dobermann	Über 55cm	beträchtlich	wenig

Register

Dank

DORLING KINDERSLEY BEDANKT SICH BEI:

dem Mayhew Animal Home für Benjy, den Mischlingswelpen,

dem Richbourne Zwinger für die Labrador Retriever Star, Buttons und Fliss,

den Magyar Vizslas Suzanne und Molly,

Hope und Ruby, den rauhaarigen Fox Terriern,

den Welsh Terriern Milo und Snoop,

Tony und Rocco, den Jack Russell-Mischlingen.

Kinder

Amber, Jasmine, Benetta, Milo, Charlie und Joe